HOMBRE MOSCA PRESENTA: PERROS

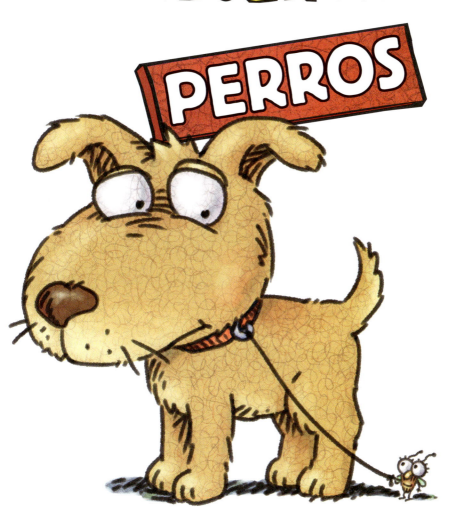

Tedd Arnold

Scholastic Inc.

Para Gimli y sus humanos: Brianna, Amanda y Walter

Photos ©: back cover: Tierfotoagentur/Alamy Stock Photo; 4-5: Jacob King-PA Images/Getty Images; 5: Evgeniya Shikhaleeva/Dreamstime; 6 bottom: SuperflyImages/Getty Images; 7 left: Orlando/Getty Images; 8 top left: DmitryND/Getty Images; 8 top right: cgwp.co.uk/Alamy Stock Photo; 8 bottom: Image Source/Getty Images; 9 top left: Tierfotoagentur/Alamy Stock Photo; 9 top right: Jody Trappe Photography/Getty Images; 10 top left: slowmotiongli/Getty Images; 10 top right: Tierfotoagentur/Alamy Stock Photo; 10 center left: Rejean Bedard/Getty Images; 10 center right: Justin Paget/Getty Images; 10 bottom left: picture.jacker/Dreamstime; 10 bottom right: meaghanbrowning/Getty Images; 11 bottom left: Rowan Romeyn/Alamy Stock Photo; 12 right: mpikula/Getty Images; 13 top: Tierfotoagentur/Alamy Stock Photo; 13 center: Yvonne Van der Horst/Getty Images; 13 bottom: RichLegg/Getty Images; 14 top: William Wise/Dreamstime; 14 center: Tierfotoagentur/Alamy Stock Photo; 14 bottom: Aleksandar Varbenov/Alamy Stock Photo; 15 top: William Wise/Dreamstime; 15 bottom: Grossemy Vanessa/Alamy Stock Photo; 17 top: Jennifer A Smith/Getty Images; 18 top: Jason Smalley Photography/Alamy Stock Photo; 18 bottom: Zz3701/Dreamstime; 19: BrentBinghamPhotography.com/Getty Images; 20 bottom: Jim Craigmyle/Getty Images; 21: Dan Porges/Getty Images; 22: Graham Prentice/Alamy Stock Photo; 23 top: The Protected Art Archive/Alamy Stock Photo; 23 bottom: REUTERS/Alamy Stock Photo; 24 top: Tierfotoagentur/Alamy Stock Photo; 24 bottom: Alexandra Draghici/Getty Images; 25 top: Tkatsai/Dreamstime; 25 bottom: Tierfotoagentur/Alamy Stock Photo; 26 left: SakariLampola/Getty Images; 26 right: Alexirina27000/Dreamstime; 27 top: Mehmet Hilmi Barcin/Getty Images; 27 center: Richard Stabler/Getty Images; 27 bottom: Miça Quartey/EyeEm/Getty Images; 28 left: Chronicle/Alamy Stock Photo; 29 top: PA Images/Alamy Stock Photo; 29 center: Farlap/Alamy Stock Photo; 29 bottom: alberto clemares expósito/Getty Images; 31 top left: mladenbalinovac/Getty Images; 31 top right: David Baileys/Getty Images; 31 center right: MesquitaFMS/Getty Images. All other photos © Shutterstock.com.

Originally published in English as *Fly Guy Presents: Dogs*

Translated by Abel Berriz

Copyright © 2022 by Tedd Arnold
Translation copyright © 2023 by Scholastic Inc.

All rights reserved. Published by Scholastic Inc., *Publishers since 1920.* SCHOLASTIC, SCHOLASTIC EN ESPAÑOL, and associated logos are trademarks and/or registered trademarks of Scholastic Inc.

The publisher does not have any control over and does not assume any responsibility for author or third-party websites or their content.

No part of this publication may be reproduced, stored in a retrieval system, or transmitted in any form or by any means, electronic, mechanical, photocopying, recording, or otherwise, without written permission of the publisher. For information regarding permission, write to Scholastic Inc., Attention: Permissions Department, 557 Broadway, New York, NY 10012

ISBN 978-1-338-89676-3

10 9 8 7 6 5 4 3 2 1   24 25 26 27

Printed in the U.S.A.   40
First Spanish printing, 2023

Book design by Marissa Asuncion

Un niño tenía una mosca de mascota llamada Hombre Mosca. Hombre Mosca podía decir el apodo del niño:

Buzz y Hombre Mosca llegaron a la exposición canina. Estaban allí para ver diferentes tipos de perros compitiendo por un premio.

—¡Mira! —dijo Buzz, señalando un letrero—. Estos perros vienen de todas partes del mundo. Este es francés.

Oh là là!

Al igual que las personas, los perros vienen en todas las formas y tamaños. Los mejores de cada tipo o raza son elegidos para competir.

¡El terrier escocés suele ganar el primer premio, o "Mejor ejemplar de exposición"!

El delgado saluki, o galgo persa, es un perro de caza y una de las razas más viejas del mundo.

El pequinés es una raza de miniatura. Eso significa que son perros pequeños que se crían para ser mascotas. Este perro era popular en la antigua China.

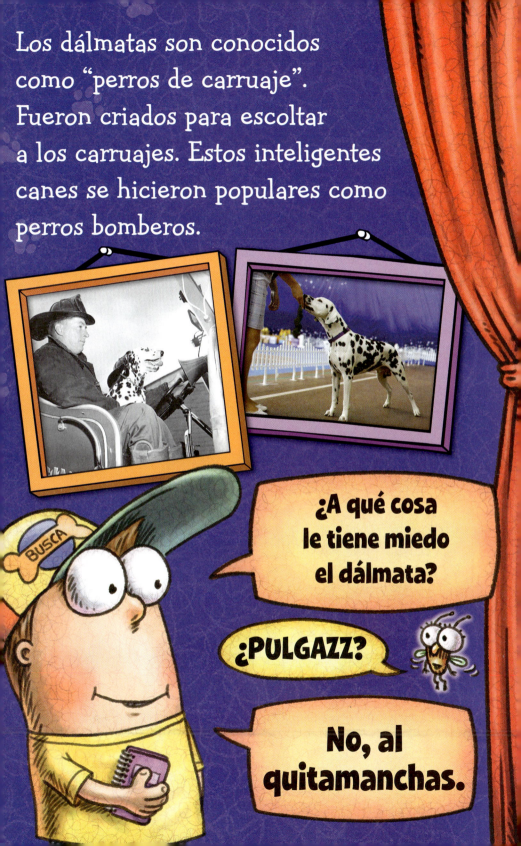

Los perros son miembros de la familia de los cánidos o caninos. Los zorros, lobos, chacales y coyotes también son caninos. Los científicos creen que los lobos grises y los perros modernos descienden de la misma especie extinta de lobo.

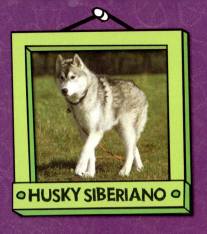
HUSKY SIBERIANO

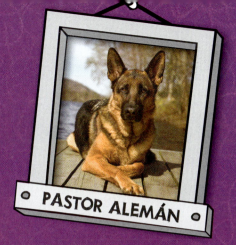
PASTOR ALEMÁN

Algunos perros todavía se parecen a sus parientes los lobos, mientras que otros, no. El shih tzu está más cerca de los lobos que el pastor alemán. ¡No lo dirías por su aspecto!

SHIH TZU

¿Cómo se comunican los lobos?

¿PULGAZZ?

Por aullamadas.

Los perros y los lobos tienen muchas cosas en común. Ambos aúllan para comunicarse.

Cachorro de beagle

Lobo gris norteamericano

Ambos tienen un buen olfato.

Lobo rojo

Labrador chocolate

Los lobos y los perros son animales sociales.

Lobos grises

¿TIENEN PULGAZZ?

Aun así son muy diferentes. Los lobos son salvajes. Los perros fueron domesticados entre 15.000 y 40.000 años atrás. Se transformaron para poder vivir con las personas.

Los perros tienen el cerebro más pequeño que los lobos.

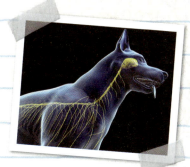

Los lobos no son fáciles de domesticar. En cambio, ¡los perros son adiestrados para hacer muchas cosas!

El American Kennel Club tiene un registro o lista oficial de más de 190 razas de perros reconocidas.

Entre las razas más pequeñas se incluyen el chihuahua, el spaniel japonés, el yorkshire terrier, el pomerania, el affenpinscher y el papillón.

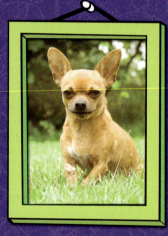

Los chihuahuas son un símbolo de México.

¡Los spaniel japoneses son famosos porque se comportan como gatos!

El popular yorkie suele pesar menos de 7 libras.

Los affenpinscher son conocidos por ser divertidos.

Papillón significa "mariposa" en francés. Este perro recibió ese nombre por la forma de sus orejas.

¿Cómo se dice cuando un gato gana una exposición canina?

¡PULGAZZ!

¡Una gatástrofe!

Las razas de perros más grandes del mundo incluyen el gran danés, el mastín inglés, el terranova, el perro de montaña de los Pirineos y el boyero de Berna.

¡Parado sobre las patas traseras, un gran danés adulto es más alto que muchas personas!

Al embarcar en el *Mayflower* en 1620, los peregrinos trajeron dos razas de perros con ellos: el spaniel y el mastín inglés.

¡El terranova tiene pies parcialmente palmeados! Esto lo convierte en un gran nadador, experto en rescates acuáticos.

El perro de montaña de los Pirineos fue criado para cuidar rebaños mientras los pastores dormían. A menudo ladran por la noche.

El boyero de Berna tiene un carácter afable. Le encanta pasar tiempo al aire libre.

¿Por qué los perros no bailan bien?

¿PULGAZZ?

¡Son muy patones!

Los perros de diferentes razas tienen muchas cosas en común. Todos ven el color de manera diferente a los humanos, pues solo perciben la luz azul y la amarilla. Los perros solo ven combinaciones de estos dos colores.

ESPECTRO DE LA LUZ VISIBLE PARA EL PERRO

VISIÓN CANINA

VISIÓN HUMANA

La nariz humana tiene unos 5 millones de células para detectar los olores. ¡El hocico del perro tiene cerca de 225 millones! El olfato de los perros es 1.000 veces más sensible que el de los humanos. El hocico de cada perro tiene su propio patrón, ¡como una huella dactilar!

Los perros pasan casi la mitad del día durmiendo. Sueñan igual que los humanos.

zzzzzzz

Algunas razas de perros fueron criadas para ser mascotas, mientras otras fueron criadas para trabajar.

Los collies, los pastores y los corgis son perros pastores. Protegen a las ovejas, las vacas y otros tipos de ganado en granjas y ranchos. Otros perros pastores, como el alemán, son excelentes perros policía.

Muchos perros trabajan en búsqueda y rescate. Buscan a senderistas perdidos y localizan a personas atrapadas en la nieve tras una avalancha. En estas misiones suelen emplearse golden retrievers y labradores.

¿Por qué algunos perros no usan calzoncillos?

¿PULGAZZ?

¡Porque son bóxers!

Una labor importante que pueden realizar los perros es ser guía de personas ciegas o con discapacidades. Los labradores y los golden retrievers son ideales para esto. Son inteligentes, leales y amables.

Estos cachorros se comienzan a entrenar cuando tienen alrededor de 8 semanas. Aprenden a cruzar la calle y subir escaleras, vadear baches y obedecer las órdenes de sus dueños.

¿SABÍAS ESTO?

- ¡Nunca acaricies ni distraigas a un perro guía! Si el perro tiene el arnés, déjalo que haga su trabajo.

- Si crees que alguien con un perro guía necesita ayuda, pregúntale primero. Al hacerlo, le das a la persona la oportunidad de aceptar o rechazar la ayuda.

Bien, no más chistes, porque tú solo dices "pulgas".

¿POR FAVORZ?

¡Mira estos perros famosos!

En 1925, 100 perros de trineo salvaron a los niños de Nome, Alaska, durante una crisis. Los perros recorrieron 1.085 km para llevar medicinas a la ciudad. Dos perros, Balto y Togo, se hicieron famosos por liderar a los otros a través de una ventisca.

Una estatua de Balto en Central Park, Nueva York.

En la Primera Guerra Mundial, un terrier llamado Stubby sirvió junto a los soldados norteamericanos. Ayudaba a los heridos y les avisaba a las tropas si olía gas letal.

En 2017, dos terremotos sacudieron México. Una labrador llamada Frida se hizo famosa por salvar la vida de 12 personas. Frida lleva ese nombre por la pintora Frida Kahlo. En la ciudad de México hay un mural pintado en honor a la perra.

Las distintas razas de perros tienen mucho en común, pero también son diferentes.

El catahoula es un perro de caza. ¡Puede trepar a los árboles para perseguir a su presa!

Casi todos los cachorros de husky siberiano recién nacidos tienen los ojos azules. Luego les comienzan a cambiar. Cuando tienen de 12 a 16 semanas tienen los ojos azules o marrones, ¡o incluso un ojo marrón y otro azul!

MÁS CHIZTEZ, POR FAVORZ.

¡Los bulldogs ingleses sufren de gases! Eso es porque estos cachorros tienen dificultad para digerir muchos alimentos. Los alimentos malos hacen que se les acumule gas en el estómago. Para sentirse mejor, deben comer una dieta sana y hacer mucho ejercicio.

¡Yojodelijú!

El basenji es un sabueso africano pequeño que no puede ladrar. En lugar de eso, estos perros emiten un aullido agudo similar al canto tirolés.

Los galgos son los perros más rápidos. ¡Pueden correr aproximadamente 11 km a una velocidad de 70 km por hora! El galgo puede correr más rápido que el más rápido de los humanos. Aunque un guepardo le ganaría en una carrera corta, el galgo lo superaría en una carrera más larga.

La mayoría de los perros tiene la lengua rosada, pero hay dos perros famosos por sus lenguas azules: el chow chow y el shar pei chino.

¡Los dálmatas tienen el pelaje blanco al nacer! Las manchas les salen a medida que crecen.

Hay dos tipos de perro crestado chino. Uno tiene pelo y el otro, no. La versión sin pelo tiene la piel lisa y manchada, y mechones de pelo en la cabeza, la cola y los tobillos.

El puli tiene un pelaje único. El pelo de abajo es suave y lanudo, y está cubierto por una capa de pelo largo impermeable que forma rastas.

¡CHIZTEZ, POR FAVORZ!

Perros por el mundo:

Los primeros perros en pasar un día en el espacio antes de regresar a la Tierra fueron Belka y Strelka. Fueron lanzados en la nave espacial rusa *Sputnik 5* en 1960.

La pequinesa es una de las razas de perros más antiguas. Estos perros fueron criados para parecer pequeños leones y eran adorados en la antigua China.

La reina Isabel II de Inglaterra era famosa por su amor por los corgi. Fue dueña de más de 30 desde 1933.

Muchos presidentes estadounidenses han tenido perros. El pastor alemán del presidente Biden se llama Major.

Dos de las razas de perros más populares son el pastor australiano y el rottweiler. ¡El rottweiler es el perro más popular en 34 países!

En Estados Unidos hay más de 75 millones de perros mascota, ¡más que en cualquier otro país!

Consejos de Buzz y Hombre Mosca para elegir la mascota perfecta:

• ¡Adopta, no compres! Más de 3 millones de perros ingresan a los refugios de animales cada año en Estados Unidos. Todos estos animales están buscando nuevos hogares.

• Investiga. Lee sobre las diferentes razas de perros para encontrar la adecuada para tu familia. Si vives en un edificio de apartamentos en una ciudad, un perro pequeño podría ser la opción perfecta. ¿Tienes una casa en el campo? ¡Tal vez una raza grande sea ideal para ti!

• Decide si quieres un cachorro juguetón o un perro más maduro. Ambos son geniales, pero tendrán diferentes necesidades.

• Asegúrate de estar listo. ¡Tener una mascota da mucho trabajo! Los perros requieren comida, agua, paseos, ejercicio, cuidado, entrenamiento y, lo más importante, ¡mucho amor!

—No puedo creer cuánto aprendimos hoy sobre los perros —dijo Buzz—. ¡Estoy ansioso por que llegue nuestra próxima aventura!